Paramahansa Yogananda

(1893 – 1952)

Paramahansa Yogananda

Waarom God het Kwaad Toelaat

en

Hoe je het kunt ontstijgen

Over dit boek: De lezingen in dit boek zijn oorspronkelijk door Self-Realization Fellowship uitgegeven in het kwartaalblad *Self-Realization* dat in 1925 door Paramahansa is opgezet. Deze lezingen werden gehouden in de Self-Realization Fellowship tempels die de auteur had opgericht in Hollywood en San Diego, Californië. De teksten werden in steno genoteerd door Sri Daya Mata, een van zijn vroegste en trouwste volgelingen.

De oorspronkelijke Engelse uitgave werd gepubliceerd door
Self-Realization Fellowship, Los Angeles, California,
als *Why God Permits Evil and How to Rise Above it*

ISBN-13: 978-0-87612-461-1
ISBN-10: 0-87612-461-9

Vertaald in het Nederlands door Self-Realization Fellowship
Copyright © 2016 Self-Realization Fellowship

Alle rechten zijn voorbehouden. Afgezien van korte citaten in boekrecensies mag geen enkel deel van *Why God Permits Evil and How to Rise Above it* in deze Nederlandse vertaling worden gereproduceerd, opgeslagen, overgedragen of vertoond, noch op enigerlei wijze (electronisch, mechanisch, of anderszins), in bestaande of later ontwikkelde technische middelen, worden overgenomen door middel van fotokopie, geluidsdrager, of enig ander opslagsysteem, zonder voorafgaande schriftelijke toestemming van Self-Realization Fellowship, 3880 San Rafael Avenue, Los Angeles, California 90065-3219, U.S.A.

 Geautoriseerd door de International Publications Council van Self-Realization Fellowship

De naam en het embleem (zoals boven getoond) van Self-Realization Fellowship vindt u op alle boeken, opnames en andere uitgaven van SRF. Hierdoor kunt u er zeker van zijn dat een werk is uitgegeven door de organisatie die Paramahansa Yogananda heeft opgericht en die zijn leer nauwgezet doorgeeft.

Eerste druk in het Nederlands door Self-Realization Fellowship, 2016
First edition in Dutch from Self-Realization Fellowship, 2016

ISBN-13: 978-0-87612-728-5
ISBN-10: 0-87612-728-6

1751-J3066

Goed en kwaad moeten elkaar op deze aarde altijd aanvullen. Alles wat is geschapen, moet een zekere onvolmaakte verschijningsvorm hebben. Hoe kon God, de Enige Volmaakte, Zijn enkelvoudige bewustzijn anders opdelen in scheppingsvormen die te onderscheiden zijn van Hemzelf? Er kunnen geen beelden van licht zijn zonder het contrast van schaduwen. Als het kwaad niet geschapen was, zou de mens het tegengestelde, het goede, niet kennen. De nacht geeft contrast aan de helderheid van de dag; verdriet leert hoe wenselijk vreugde is. Het kwaad mag dan onvermijdelijk zijn, maar wee degene die het veroorzaakt. Wie zich door de wereld laat verleiden de rol van de schurk te spelen moet het droevige karmische lot van de schurk ondergaan, terwijl de held de gezegende beloning ontvangt voor zijn deugdzaamheid. Omdat we deze waarheid kennen, moeten we het kwaad vermijden; doordat we goed worden, stijgen we uiteindelijk op naar Gods hoge verblijf – voorbij goed en kwaad.

- Paramahansa Yogananda

INHOUDSOPGAVE

DEEL I
Waarom het kwaad een deel is van Gods schepping 1

DEEL II
Waarom God de wereld schiep 12

DEEL III
Een wereld van kosmisch vermaak 27

DEEL IV
Ontdek Gods onvoorwaardelijke liefde achter de mystieke sluier van de schepping 44

Waarom God het kwaad toelaat

EN

Hoe je het kunt ontstijgen

DEEL I

WAAROM HET KWAAD EEN DEEL IS VAN GODS SCHEPPING

WAT IS DE OORSPRONG VAN HET KWAAD?[1]

Sommige mensen zeggen dat God het kwaad niet kent, omdat ze niet kunnen verklaren waarom een goede God toelaat dat er op deze aarde voortdurend overvallen, moorden, ziektes, armoede en andere vreselijke gebeurtenissen plaatsvinden. Natuurlijk zijn deze tegenslagen in onze ogen slecht, maar zijn ze slecht in de ogen van God? En zo ja, waarom zou God dit kwaad toelaten? En als het kwaad niet van Hem kwam, de Opperste Schepper van alle dingen, waar kwam het dan vandaan? Wie heeft hebzucht geschapen? Wie heeft haat geschapen? Wie heeft

---

[1] Fragmenten van een voordracht gegeven op 17 november 1946. De volledige voordracht is verschenen in *The Divine Romance* (Paramahansa Yogananda's *Collected Talks and Essays*, Deel II), uitgegeven door Self-Realization Fellowship.

afgunst en boosheid geschapen? Wie heeft schadelijke bacteriën geschapen? Wie heeft seksuele verleiding en de hinderlaag van hebzucht geschapen? Ze zijn niet door mensen bedacht. De mens zou ze nooit hebben kunnen ervaren als ze niet eerst waren geschapen.

Sommige mensen proberen uit te leggen dat het kwaad niet bestaat of dat het niet meer dan een psychologisch verschijnsel is. Maar dit is niet juist. Het bewijs van het kwaad is in de wereld aanwezig. Dat kun je niet ontkennen. Als het kwaad niet bestaat, waarom zou Jezus dan bidden: "Laat ons niet in verleiding komen, maar verlos ons van het kwade"?[2] Hij zegt zonder meer dat het kwaad wel degelijk bestaat.

De waarheid is: we komen het kwaad in de wereld tegen. En waar kwam het vandaan? Van God.[3] Het kwaad vormt het contrast waardoor we in staat zijn goedheid te herkennen en te ervaren. Zonder het kwaad had er geen schepping kunnen zijn. Als je een boodschap met wit krijt op een wit

---

[2] Matteus, 6:13.

[3] Jesaja, 45:6 – 7 "(…) Ik ben Jahwe, en niemand anders. Ik, die het licht vormt en de duisternis schept, die vrede maakt en onheil schept, Ik, Jahwe, ben het die dit alles doet."

schoolbord zou schrijven, zou niemand het zien. Zonder het schoolbord van het kwaad zou al het goede in de wereld niet kunnen worden uitvergroot. Zo maakte Judas bijvoorbeeld de beste reclame voor Jezus. Door zijn slechte daad maakte Judas Christus voor eeuwig beroemd. Jezus kende de rol die hij moest spelen en hij wist wat met hem ging gebeuren, zodat hij de liefde en de grootsheid van God zou kunnen tonen. En voor deze uitvoering was een schurk nodig. Maar voor Judas was het niet goed dat hij ervoor koos degene te zijn wiens duistere daad het contrast vormde waardoor de glorieuze overwinning van Jezus op het kwaad sterker naar voren kwam.

WAAR LIGT DE SCHEIDSLIJN TUSSEN GOED EN KWAAD?

Het is moeilijk te weten waar de scheidslijn ligt tussen goed en kwaad. Zeker, het is vreselijk dat elke honderd jaar twee miljard mensen door bacteriën worden gedood. Maar denk eens aan de chaos die zou ontstaan door overbevolking als de dood er niet zou zijn! En als alles hier goed en volmaakt zou zijn, zou niemand uit eigen beweging deze aarde verlaten; niemand zou terug willen gaan naar God. Dus in zekere zin is misère je beste vriend omdat dat je aanzet God te zoeken. Wanneer je de onvolmaaktheid van deze wereld duidelijk begint te zien, dan ga je op zoek naar de volmaaktheid van God. De waarheid is dat God het kwaad gebruikt, niet om ons te vernietigen maar om ons teleur te stellen in Zijn speelgoed, in de speeltjes van deze wereld, zodat we Hem misschien gaan zoeken.

Daarom laat God Zelf toe dat er onrecht en kwaad is. Maar ik heb tegen Hem gezegd: "Heer, U heeft nooit geleden. U bent altijd volmaakt geweest. Hoe weet U wat lijden is? Toch geeft u ons deze beproevingen en dat had u niet mogen doen. Wij hebben er niet om gevraagd geboren te worden als stervelingen en te lijden." (Hij vindt het niet erg dat ik Hem tegenspreek. Hij is heel geduldig.) De Heer antwoordt: "Je hoeft niet te blijven lijden; Ik heb iedereen de vrije wil gegeven te kiezen voor het goede in plaats van het kwade en zo bij Mij terug te komen."

Het kwaad is dus de test die God ons geeft om te zien of we Hem kiezen óf Zijn gaven. Hij heeft ons naar Zijn beeld geschapen en Hij heeft ons het vermogen gegeven onszelf te bevrijden. Maar we maken geen gebruik van dat vermogen.

DE KOSMISCHE FILM

Er is een ander aspect aan dualiteit, ofwel goed en kwaad, dat ik aan jullie wil uitleggen. Als een filmproducent alleen maar films zou maken over engelen en deze elke dag, 's ochtends, 's middags en 's avonds zou vertonen in de bioscoop, dan zou hij binnen de kortste keren zijn zaak moeten sluiten. Hij moet zorgen voor variatie om publiek te blijven trekken. Een schurk laat een held zoveel beter uitkomen. En we houden van verhalen vol actie. We kijken graag naar spannende films vol gevaar en rampspoed, omdat we weten dat het maar een film is. Ik kan me herinneren dat ik een keer mee mocht naar een film waarin de held stierf, dat was zo tragisch! Daarom bleef ik zitten en keek naar de volgende voorstelling tot ik de held weer in levende lijve zag en toen verliet ik de bioscoop.

Als je zou kunnen zien wat achter het scherm van dit leven gebeurt, dan zou je helemaal niet lijden. Het is een kosmische filmvoorstelling. Deze film die God op het scherm van de aarde projecteert, heeft geen waarde voor mij. Ik kijk naar de bundel van Gods licht die deze scènes op het scherm van het leven projecteert. Ik zie de beelden van het hele universum uit deze lichtbundel komen.

Een andere keer zat ik in een bioscoop en keek naar een spannend drama op het scherm. En toen keek ik naar de projectiecabine. Ik zag dat de operateur geen belangstelling had voor de film, omdat hij die al zo vaak had gezien. In plaats daarvan was hij een boek aan het lezen. De projector deed zijn werk: er was geluid en de lichtbundel wierp de realistische beelden op het scherm. En dan was er ook nog het publiek dat volledig opging in het drama. Ik dacht: "Heer, U bent net zoals deze man hier in de cabine, verzonken in Uw eigen wezen van gelukzaligheid, liefde en wijsheid. Uw projector van de kosmische wet projecteert de scenes van afgunst, liefde, haat en wijsheid op het scherm van het universum, maar U doet zelf niet mee in Uw voorstellingen."

Eeuw na eeuw, beschaving na beschaving worden dezelfde films opnieuw vertoond, alleen worden de rollen door andere personen gespeeld. Ik denk dat God er een beetje op uitgekeken raakt. Hij heeft er genoeg van. Het is een wonder dat Hij niet gewoon de stekker eruit trekt en de voorstelling beëindigt!

Wat is de oorsprong van het kwaad?

Toen ik mijn blik afwendde van de lichtbundel die de actiescènes op het scherm projecteerde, keek ik naar het publiek in de bioscoop en zag dat ze alle emoties van de acteurs in de film beleefden. Ze leden mee met de held en reageerden op het kwaad van de schurk. Voor het publiek was het een tragische ervaring. Voor de operateur in de cabine was het alleen maar een film. En zo is het ook met God. Hij heeft beelden geschapen van licht en schaduw, de held en de schurk, goed en kwaad, en wij zijn het publiek en de spelers. Het komt alleen maar doordat we ons teveel identificeren met de voorstelling dat we problemen hebben.

Zonder licht en schaduw zou er geen film kunnen zijn. Het kwaad is de schaduw die door de enkelvoudige lichtbundel van God wordt omgezet in beelden of vormen. Het kwaad is daarom de schaduw van God die deze voorstelling mogelijk maakt. De donkere schaduwen van het kwaad worden afgewisseld met de heldere witte bundel van Gods goedheid. Hij wil dat je deze beelden niet zo serieus neemt. Voor de filmregisseur zijn de moorden, het lijden, de komische en de tragische voorvallen middelen om zijn films aantrekkelijk te maken voor het publiek. Hij neemt zelf geen deel aan de voorstelling, hij regisseert en observeert slechts. God wil dat we niet gehecht raken aan de voorstelling door ons te realiseren dat we alleen maar acteurs of waarnemers zijn in Zijn kosmische schouwspel.

Alhoewel God alles heeft, kunnen we toch zeggen dat Hij iets te wensen heeft: Hij wil zien wie zich niet laat afschrikken door deze film en wie zijn rol goed speelt en terugkomt bij Hem. Je kunt niet weglopen uit dit universum, maar als je in deze voorstelling acteert met je gedachten verankerd in God, dan zul je vrij zijn.

VOOR WIE GOD-REALISATIE HEEFT BESTAAT HET KWAAD NIET

De weg naar het hoogste geluk zal niet door de wetenschapper of door de materieel ingestelde mens worden gevonden, maar door hen die de meesters volgen die zeggen: "Ga terug naar de cabine van de Oneindigheid vanwaar je de projectie van al deze kosmische films kunt zien. Dan zul je je geen zorgen meer maken over Gods schepping, Gods voorstelling."

Het enige wat mij interesseert is mensen te helpen. En zolang er adem door deze longen stroomt,

Wat is de oorsprong van het kwaad?

zolang zal ik proberen anderen te helpen en ze zeggen hoe ze kunnen ontkomen aan deze misleidende film. Omdat je er nu een deel van bent, lijd je eronder. Je moet erbuiten staan en er naar kijken en dan kun je er niet onder lijden. Als je een toeschouwer bent dan kun je genieten van dit spel.

Dit is wat je moet leren. Voor God is dit slechts een film en wanneer je je tot Hem wendt zal het ook voor jou een filmvoorstelling zijn. Ik zal je een verhaaltje vertellen. Er was eens een koning die in slaap viel en droomde dat hij arm was. In zijn slaap riep hij om een cent voor wat voedsel. Uiteindelijk maakte de koningin hem wakker en zei: "Wat is er met je aan de hand? Je schatkist is gevuld met goud en toch roep je om een cent." Toen zei de koning: "Ach, dat was dwaas van mij. Ik dacht dat ik een bedelaar was en verhongerde omdat ik geen geld had." In deze waan verkeert elke ziel die droomt dat hij een sterveling is, blootgesteld aan het nachtmerrieachtige kwaad van allerlei soorten ziekte, lijden, problemen en diepe teleurstellingen. De enige manier om te ontsnappen aan deze nachtmerrie is meer gehecht te zijn aan God en minder aan de droombeelden van deze wereld. Het komt omdat je je aandacht op de verkeerde dingen hebt gericht dat je eronder lijdt. Als je je hart geeft aan mensen, aan drank, hebzucht, of drugs, zul je lijden. Je hart zal worden gebroken. Je moet je hart aan God geven. Hoe meer je vrede zoekt in Hem, des te meer zal die vrede je zorgen en lijden laten verdwijnen.

Je lijdt omdat je jezelf zo vatbaar hebt laten maken voor het kwaad van deze wereld. Leer om geestelijk gehard, geestelijk sterk te worden. Doe alles wat je moet doen, en geniet van wat je doet, maar zeg innerlijk: "Heer, ik ben Uw kind, gemaakt naar uw beeld. Ik wil niets anders dan U." Wie dit principe volgt en dit realiseert, zal ontdekken dat er voor hem geen kwaad bestaat in deze wereld.

"In Gods plan bestaat geen wreedheid, omdat er in Zijn ogen geen goed of kwaad is - alleen maar beelden van licht en schaduw. De Heer wilde dat we de dualistische scènes van het leven zouden aanschouwen zoals Hij dat Zelf ook doet – de eeuwig vreugdevolle Getuige van een ontzagwekkend kosmisch drama.

De mens heeft zich ten onrechte vereenzelvigd met de pseudo-ziel of het ego. Als hij zijn gevoel van identiteit verlegt naar zijn ware wezen, de onsterfelijke ziel, ontdekt hij dat alle pijn niet werkelijk is. Hij kan zich

Wat is de oorsprong van het kwaad?

zelfs geen voorstelling meer maken van de toestand van het lijden.

- Paramahansa Yogananda, in
Sayings of Paramahansa Yogananda

DEEL II

WAAROM GOD DE WERELD SCHIEP[1]

―――◆―――

Als je een heel interessante roman leest, waarin je ziet dat goed en kwaad met elkaar in een strijd zijn gewikkeld, dan vind je het vreselijk als het kwade lijkt te gaan winnen. Zo wordt in het ene hoofdstuk de held bijna vermoord, maar in het volgende komt alles weer op zijn pootjes terecht en wordt hij gered. Je moet begrijpen dat elk leven een superieure roman is die geschreven is door God. Het is niet jouw taak te trachten het te doorgronden; je zult worden verslagen door de beperkingen van het door *maya* verwarde verstand. Ontworstel je eerst aan de misleidende werkelijkheid en word één met God,

---
[1] Fragmenten van een voordracht gegeven op 16 december 1945. De volledige voordracht is verschenen in *Journey to Self-Realization* (Paramahansa Yogananda's *Collected Talks and Essays*, Deel III), uitgegeven door Self-Realization Fellowship.

dan zul je begrijpen waarom Hij deze wereld heeft geschapen.[2]

Maar we hebben het recht Hem te vragen naar het waarom. En er zijn veel, heel veel redenen. Ten eerste kan het niet zo zijn dat deze aarde voor Hem noodzakelijk is, want in dat geval zou God onvolmaakt zijn, Hij zou er iets van nodig hebben. Maar we hebben de getuigenissen van de heiligen dat Hij volmaakt is; en ik bevestig het uit mijn eigen ervaring, want ik heb met Hem gesproken ...

DEZE WERELD IS GODS HOBBY

Omdat God volmaakt is en deze aarde niet noodzakelijk is voor Zijn evolutie is het een soort

---

[2] *Maya* is de misleidende kracht die ligt besloten in de structuur van de schepping waardoor het Enkelvoudige zich manifesteert als veelvoudig. *Maya* is het principe van de relativiteit, de inversie, het contrast, de dualiteit, de tegengestelde velden; "Satan" (in het Hebreeuws letterlijk 'de tegenstander') van de Oudtestamentische profeten. Paramahansa Yogananda schreef: "Het Sanskrit woord *maya* betekent letterlijk de 'metende'; het is de magische kracht in de schepping waardoor begrenzingen en scheidingen aanwezig lijken te zijn in het Onmetelijke en het Onscheidbare. In Gods plan en voorstelling *(lila)* is de enige functie van Satan te trachten de aandacht van de mens te leiden van Geest naar materie, van de werkelijkheid naar de onwerkelijkheid. *Maya* is de sluier van de vergankelijkheid in de natuur, de voortdurende wording van de schepping; de sluier die elk mens moet opslaan om de Schepper, het onveranderbare onveranderlijke, de eeuwige werkelijkheid hierachter te zien."

hobby voor God. Zo zijn er twee soorten kunstenaars: je hebt de commerciële kunstenaar die geld verdient aan kunst en je hebt de kunstenaar die alleen voor zijn eigen plezier ragfijne, kunstige vleugels maakt zonder marktwaarde. We kunnen God niet commercieel noemen, want Hij verdient niets aan het kunstwerk van Zijn schepping. Net zoals rijke mensen soms met speciale hobby's beginnen die nogal wat geld kosten, omdat ze het zich kunnen veroorloven. Zo'n man heb ik ontmoet in Cincinatti, hij had een grote boerderij als hobby. Toen ik daar op bezoek was als zijn gast zei ik: "Jouw boerderij is toch niet rendabel? Hij antwoordde: "Dat klopt. Het ei dat ik nu eet, kost me 90 cent. Op de markt zou ik er eentje kunnen kopen voor een paar cent."

Deze wereld is dus Gods hobby. Maar voor hen die erin lijden is het helemaal niet leuk. Ik zeg vaak tegen de Heer: "Als u een hobby wilde, waarom schiep u dan lijden en kanker en vreselijke emoties als een onderdeel ervan?" Ik ben natuurlijk niet in de wereld om de Heer iets voor te schrijven. Daar ben ik me van bewust. Maar ik strijd nederig met Hem. Hij lacht om me en zegt: "In het laatste hoofdstuk zal iedereen het antwoord op deze vragen te weten komen."

Waarom God de wereld schiep

Ik ken het antwoord, maar ik pleit namens hen die het niet kennen: "Het is misschien een spelletje voor U, Heer, maar het is lijden en dood voor hen die niet weten dat het maar een spelletje is. Twee mensen trouwen en denken dat ze de volmaakte liefde hebben gevonden en dan sterft één van hen – hoe tragisch! Of iemand die heel veel geld verdiend heeft en denkt dat hij gelukkig is en dan ziet hij dat de aandelenbeurs in elkaar stort en hij springt uit wanhoop uit het raam– vreselijk! En in de hinderlaag van seks, wijn en geld komt de verleiding niet alleen maar van buitenaf maar ook van binnenuit. Hoe kan de mens dit allemaal verantwoorden? En waarom zijn er gangsters en mensen die krankzinnig zijn en waarom gebeuren er allerlei vreselijke dingen, Heer? Waarom zijn er bacillen die jaarlijks zoveel mensen doden? Als de beenderen van hen die aan ziektes zijn gestorven, werden opgestapeld, zou de berg net zo hoog zijn als de Himalaya; en het is toch een hobby voor u, God. Hoe zit het dan met hen die het slachtoffer zijn van Uw hobby?"

En de Heer zegt: "Ik heb alle mensen naar mijn beeld geschapen. Als je weet dat je een deel bent van Mij, dan kun je in deze wereld leven en er net zo van genieten als ik."

Dat is het uiteindelijke antwoord. We zien deze wereld niet zoals God dat doet.

ZIEN MET OGEN GEOPEND DOOR WIJSHEID EN INNERLIJKE RUST

Ik zal je een voorbeeld geven hoe dingen misgingen met de schepping. Als ik nu in deze kamer plotseling mijn ogen sluit en wild begin te dansen en daarbij alles om me heen en de beperkingen van mijn blindheid vergeet, zul je tegen me roepen: "Voorzichtig! Straks val je nog of bots je ergens tegenaan!" Maar ik wil er niet van horen: "Nee, het gaat toch goed met me." Dan struikel ik, val en breek mijn been, en ik huil en vraag: "Waarom overkomt mij dit?' Jij zult antwoorden: "Nou ja, waarom sloot jij je ogen en probeerde je in het donker te dansen?" Dan antwoord ik: "Oh, hemel. Waarom danste ik met gesloten ogen?"

Omdat je ogen zijn gesloten kun je alleen maar denken dat dit een vreselijke wereld is. Maar als je je ogen door wijsheid en innerlijke rust geopend houdt zul je zien dat er veel te genieten valt in deze wereld – alsof je naar een film kijkt ...

Waarom God de wereld schiep

WE HEBBEN DE VRIJE KEUZE VERWIKKELD TE RAKEN IN HET DRAMA OF HET TE ONTSTIJGEN

We kunnen zeggen dat God deze wereld niet alleen maar heeft gemaakt als een hobby, maar ook omdat Hij volmaakte zielen wilde maken die zouden terugkeren naar Hem. Hij heeft ze op pad gestuurd gehuld in een sluier van misleiding, of *maya*, maar begiftigd met vrijheid. Dat is het grootste geschenk van God. Hij heeft de mensheid de vrije keuze die Hij Zelf bezit niet ontzegd. Hij heeft de mens de vrijheid gegeven om goed of slecht te zijn, om te doen zoals hij zelf wil – zelfs om God te ontkennen. Het goede en het kwade bestaan beide, maar niemand dwingt je slecht te zijn, tenzij je zelf ervoor kiest slechte dingen te doen, en niemand kan je dwingen goed te zijn, tenzij je zelf goed wilt zijn. God heeft ons geschapen met het vermogen Zijn gaven van intelligentie en vrije keuze te gebruiken, waarmee we kunnen kiezen terug te gaan naar Hem. God zal ons zeker mee terug nemen als we klaar zijn om te gaan. We zijn als de verloren zoon uit de Bijbel: God roept ons voortdurend toe om Thuis te komen.

Het ideaal van elk mensenleven zou moeten zijn: goed en gelukkig te zijn en God te vinden. Je zult nooit gelukkig zijn tenzij je God vindt. Daarom zei Jezus: "Zoek eerst Gods Koninkrijk."[3] Dat is het doel van ons bestaan: dat we streven goed te worden, volmaakt te worden en onze vrije wil te gebruiken om het goede te kiezen in plaats van het kwaad. God heeft ons allemaal het vermogen gegeven dat we nodig hebben om dit te doen. De geest is als elastiek. Hoe meer je eraan trekt, hoe meer het opgerekt wordt. De elastische geest zal nooit breken. Steeds weer als je beperkingen ervaart, sluit je je ogen en zeg je tegen jezelf: "Ik ben de Oneindigheid" en je zult zien wat een macht je hebt.

De vreugde van de zintuigen noch de vreugde van bezit kan de vreugde van God evenaren. Alhoewel Hij alles al tot in de eeuwigheid had, begon Hij te denken: "Ik ben almachtig en Ik ben de Vreugde Zelf, maar er is niemand anders om van Mij te genieten." En Hij dacht terwijl hij met de schepping begon: "Ik zal zielen scheppen naar mijn beeld en ze kleden als mensen met vrije keuze om te kijken of ze op zoek zullen gaan naar Mijn materiële gaven

---

[3] Matteus, 6:33.

Waarom God de wereld schiep

en de verleidingen van geld, wijn en seks, of dat ze de miljoenen malen meer bedwelmende vreugde zullen zoeken van Mijn bewustzijn." Het schenkt mij de meeste voldoening dat God heel rechtvaardig en eerlijk is. Hij gaf de mens de vrijheid Zijn liefde te aanvaarden en in Zijn vreugde te leven of deze te weigeren en te leven in de bedrieglijke werkelijkheid, onwetend van Hem.

Alhoewel alles wat is geschapen aan God behoort, is er één ding dat God niet heeft – onze liefde. Toen Hij ons schiep, had Hij iets om naar te verlangen en dat is onze liefde. We kunnen Hem deze liefde onthouden of aan Hem schenken. En Hij zal eindeloos wachten, totdat we bereid zijn Hem onze liefde te geven. Wanneer we dat doen, wanneer de verloren zoon Thuis komt, is het gemeste kalf van de wijsheid geslacht en is er veel vreugde. Wanneer een ziel terugkeert naar God heerst er werkelijk vreugde onder alle heiligen in de hemel. Dit is de betekenis van de parabel van de verloren zoon zoals die door Jezus is verteld.

NEEM JEZELF WAAR VANAF HET 'BALKON' VAN INTROSPECTIE

Het leven heeft zoveel méér in zich dan je denkt. Omdat al het aardse zo echt lijkt, hoe veel echter moet dan de Werkelijkheid, die deze onechte werkelijkheid schept, wel niet zijn! Maar door de onechte werkelijkheid vergeet je het Werkelijke. God wil dat je onthoudt dat je niets op deze aarde erg zou vinden als het precies zo was als een film. Zelfs als de broze botten van het lichaam zouden breken, zou je zeggen: "Ach, kijk toch eens naar die gebroken botten", en je zou geen enkel ongemak of pijn voelen. Je kunt dat zeggen als je verankerd bent in het Goddelijke Bewustzijn. Je zult lachen om je gewoontes en je zult veel plezier hebben om je bijzondere kenmerken wanneer je vanaf het balkon van introspectie jezelf ziet acteren in de film van het leven. Ik doe dat altijd. Als je weet dat deze wereld Gods *lila* is – Zijn spel – dan ben je niet boos over de tegenstellingen in dit drama van goed en kwaad.

In een droom kun je rijke mensen zien, arme mensen, een krachtig persoon, iemand anders die kreunt van pijn, een stervende en iemand die geboren wordt. Maar als je wakker wordt, realiseer je je

Waarom God de wereld schiep

dat het alleen maar een droom was. Dit universum is Gods droom. En als ik Hem vraag: "Waarom droomt U niet alleen maar mooie dromen? Waarom moet Uw spel vol nachtmerries zijn?", dan zegt Hij: "Je moet kunnen genieten van zowel de nachtmerries als de mooie ervaringen en ze nemen voor wat ze zijn – dromen, niets dan dromen. Maar als je alleen maar mooie dromen droomt, word je opgenomen in die schoonheid en wil je nooit meer wakker worden." Dat is het antwoord. Wees dus niet bang wanneer nachtmerries komen, maar zeg dan: "Heer, het is slechts een droom die voorbijgaat. Het is geen werkelijkheid." En als je glimlacht van gezondheid en geluk, zeg dan: "Heer, het is een mooie droom, maar doe wat U wilt met mijn dromen van het leven." Als je niet beïnvloed wordt door de nachtmerries van ziekte, lijden en zorgen, en ook niet gehecht bent aan de mooie dromen, dan zegt God: "Ontwaak. Kom terug naar Huis."

ONDERSCHEID HET ONWERKELIJKE VAN HET WERKELIJKE

Als kleine jongen droomde ik vaak dat er een tijger achter me aan zat; ik riep dan dat de tijger mijn been te pakken had. Mijn moeder kwam dan en schudde me wakker uit mijn droom en zei: "Kijk maar, er is niets aan de hand. Er is geen tijger. Er is niets mis met je been." Door die droom uit mijn kindertijd schonk God mij de eerste mooie ervaring. De laatste keer dat ik die droom had, zei ik: "Ik trap er niet meer in. Er is geen tijger die mijn been wil pakken." En vlug sprong ik uit de droom. Toen ging hij weg en is nooit meer teruggekomen. Sinds die tijd lette ik er ook bij het dromen op het onwerkelijke te onderscheiden van het Werkelijke.

Heiligen zijn degenen die half waken en half dromen: aan de ene kant zijn ze ontwaakt in God en aan de andere kant dromen ze de droom van hun incarnatie. Maar ze kunnen vlug uit deze droom stappen. Als mijn lichaam verwond is of pijn voelt, richt ik mijn ogen en mijn geest hier op het *Kutastha* of Christusbewustzijnscentrum tussen de wenkbrauwen en dan voel ik geen pijn. Na een korte tijd zie of voel ik zelfs het lichaam niet meer.[4]

---

[4] Het 'Christusbewustzijn' is het geprojecteerde bewustzijn van God aanwezig in alles wat geschapen is. In de geschriften van het Christendom wordt het 'de eniggeboren zoon' genoemd, de enige zuivere weerspiegeling in de schepping van God, de Vader; in de hindoe geschriften wordt het het *Kutastha Chaitanya* of *Tat* genoemd, de kosmische intelligentie van de Geest die overal in de schepping

Onthoud dus dat God deze wereld droomt. En als we op Hem zijn afgestemd, zullen we een van God vervuld leven leiden en zal niets ons verstoren. We zullen naar deze kosmische film kijken zoals we naar een film in de bioscoop kijken, zonder gewond te raken. God heeft ons geschapen zodat we mogen dromen net zoals Hij, dat we, net als van vermaak, genieten van deze droom en zijn tegenstrijdige ervaringen, zonder erdoor beïnvloed te worden en volledig opgaan in Zijn eeuwige vreugde.

"'Weet gij niet, dat gij Gods tempel zijt en dat de Geest van God in u woont?'[5] Als je door meditatie je geest kunt zuiveren en verruimen, en God kunt ontvangen in je bewustzijn, zul je ook vrij zijn van het waanidee van ziekte, beperkingen en dood."

– Paramahansa Yogananda,
in *The Divine Romance*

---

aanwezig is. Het is het universele bewustzijn, eenheid met God, zoals Jezus, Krishna en andere avatars hebben laten zien. Grote heiligen en yogis kennen het als de toestand van *Samadhi* meditatie waarin hun bewustzijn één is geworden met de intelligentie die aanwezig is in elk deeltje van de schepping. Ze ervaren het hele universum als zijnde hun eigen lichaam.

[5] I Korintiërs, 3:16.

Een gebed wordt verhoord ...

Op een dag ging ik een bioscoop in om een verslag te zien van de slagvelden in Europa. De eerste wereldoorlog woedde in het Westen. Het journaal liet het bloedbad zo levensecht zien dat ik met een verontrust hart de bioscoop verliet.

"Heer," bad ik "waarom staat U zoveel lijden toe?"

Tot mijn grote verrassing kwam een onmiddellijk antwoord in de vorm van een visioen van de werkelijke Europese slagvelden. De scènes met doden en stervenden waren nog veel gruwelijker dan wat het journaal liet zien.

"Kijk goed!" Een zachte stem sprak tot mijn innerlijke bewustzijn. "Je zult zien dat deze scènes die op dit moment worden opgevoerd in Frankrijk niets anders zijn dan een spel van licht en schaduw. Het is de kosmische film, net zo werkelijk of onwerkelijk als het bioscoopjournaal dat je net hebt gezien – een spel in een spel."

Mijn hart was nog niet getroost. De Goddelijke Stem ging verder: "De schepping is licht en schaduw, anders kan er geen beeld zijn. De suprematie van het goede en het kwade van *maya* moeten elkaar voortdurend afwisselen. Als er in deze wereld eindeloze vreugde zou zijn, zou de mens dan ooit een andere wereld wensen? Zonder lijden neemt hij zich nauwelijks de moeite te herinneren dat hij zijn eeuwige thuis heeft verlaten. Pijn is een aansporing om te herinneren. De manier om te ontsnappen is door wijsheid. De tragedie van de dood is niet echt; wie er bang voor is, is als een onwetende acteur die sterft aan plankenkoorts op het moment dat er alleen maar een losse flodder op hem wordt afgevuurd. Mijn zonen zijn kinderen van het licht, ze zullen niet voor eeuwig in de bedrieglijke werkelijkheid slapen."

Alhoewel ik in de heilige geschriften de verslagen van *maya* had gelezen, hadden ze me niet het diepe inzicht gegeven dat ik kreeg door de persoonlijke visioenen en de begeleidende woorden van troost. Je waarden veranderen diepgaand wanneer je eindelijk overtuigd bent dat de schepping alleen maar een onmetelijke film is en dat je eigen werkelijkheid niet erin, maar erachter ligt.

– Paramahansa Yogananda,
in *Autobiography of a Yogi*

Waarom God het kwaad toelaat en hoe je het kunt ontstijgen

"*Yoga is de wetenschap waarmee de ziel de beheersing krijgt over het instrumentarium van het lichaam en de geest, en dat gebruikt om Zelfrealisatie te verwerven – het opnieuw ontwaakte bewustzijn van de transcendente, onsterfelijke natuur, van de ziel, één met de Geest. Als een geïndividualiseerd zelf is de ziel afgedaald uit de alomvattendheid van de Geest en heeft zich vereenzelvigd met de beperkingen van het lichaam en het zintuiglijke bewustzijn …*

Wanneer je het centrum van je bewustzijn, waarneming en gevoel verlegt van het lichaam en van het verstand naar de ziel – je ware, onsterfelijke Zelf – zul je de beheersing van een yogi over het leven hebben en de dood overwinnen."

– Paramahansa Yogananda

DEEL III

EEN WERELD VAN KOSMISCH VERMAAK

DE WERELD IS GODS SPEL

De *rishis* uit het oude India verklaren na te zijn doorgedrongen tot de oerbron van het bestaan dat God volmaakt is, dat Hij niets nodig heeft want alles ligt in Hemzelf besloten; en dat deze wereld Gods *lila* ofwel goddelijk spel is. Het lijkt erop dat de Heer het heerlijk vindt te spelen als een kind en Zijn *lila* is de eindeloze afwisseling van de voortdurend veranderende schepping.

Ik redeneerde altijd zo: God was oneindige alwetende gelukzaligheid; maar omdat Hij alleen was, was er niemand dan Hij om van die gelukzaligheid te genieten. Daarom zei Hij: "Laat mij een universum scheppen en Mezelf opdelen in vele zielen, opdat ze met Mij mogen spelen in Mijn zich ontvouwende drama." Door Zijn magische, 'afmetende' vermogen van *maya* werd Hij tweeledig: geest en natuur, man en vrouw, positief en negatief.[1] Maar hoewel Hij het universum heeft geschapen uit dualiteit, wordt Hij er Zelf niet door misleid. Hij weet dat alles slechts verschijningsvormen zijn van Zijn enkelvoudige kosmische bewustzijn. De ervaringen van de zintuigen en de emoties, de drama's van oorlog en vrede, ziekte en gezondheid, leven en dood – alles gebeurt in God als de dromer-schepper van alle dingen, maar Hij wordt er niet door beïnvloed. Een deel van Zijn oneindige Wezen blijft altijd transcendent, voorbij de dualiteiten van de trilling: daar is God inactief. Als Hij Zijn bewustzijn in trilling brengt met gedachten aan verscheidenheid, wordt Hij immanent en alomtegenwoordig als Schepper in de eindige trillingsfeer van de oneindigheid: daar is Hij actief. Trilling brengt voorwerpen en wezens voort die op elkaar inwerken in ruimte en in de beweging van tijd – net zoals de trillingen van het bewustzijn van een mens dromen voortbrengen in zijn slaap.

---

[1] Zie de voetnoot bij *maya*, pagina 12.

Een wereld van kosmisch vermaak

ALS WE ÉÉN WORDEN MET GOD ZULLEN WE NIET MEER LIJDEN

God schiep dit droomuniversum om Zichzelf en ons te vermaken. Het enige bezwaar dat ik tegen Gods *lila* heb is dit: "Heer, waarom liet U toe dat lijden deel uitmaakt van Uw spel?" Lijden is zo lelijk en wreed. Het leven is dan geen vermaak meer, maar een tragedie. Hier begint de bemiddeling van de heiligen. Ze herinneren ons eraan dat God almachtig is en wanneer we één worden met Hem zullen we niet meer gewond raken in Zijn theater. Wij zijn het die onszelf pijn doen als we de goddelijke wetten waarop Hij het hele universum baseert, overtreden. Onze verlossing ligt in eenwording met Hem. Tenzij we afstemmen op God en daardoor weten dat deze wereld slechts een kosmisch spel is, is het onvermijdelijk dat we zullen lijden. Het lijkt erop dat lijden een noodzakelijke discipline is die ons eraan herinnert één te worden met God. Dan zullen we ons, net zoals Hij, vermaken met dit fantastische spel.

Het is wonderlijk om diep over deze dingen na te denken. Ik graaf voortdurend in deze sferen. Zelfs nu ik tegen jullie spreek, zie ik deze waarheden. Het zou toch vreselijk zijn als een Almachtig Wezen ons in deze droomwereld had geworpen zonder dat we kunnen ontsnappen, of zonder het vermogen ons bewust te worden van waar Hij zich bewust van is. Maar dit is niet het geval. Er is een uitweg. Elke nacht in diepe slaap vergeet je onbewust deze wereld, ze is er niet meer voor je. En elke keer als je diep mediteert, ben je bewust transcendent, de wereld bestaat niet meer voor je. Daarom zeggen de heiligen dat we alleen door eenwording met God kunnen begrijpen dat we niet veel belang moeten hechten aan deze wereld ...

ALS JE JE ONSTERFELIJKE AARD ZOU KENNEN, ZOU JE JE NIET DRUK MAKEN OM DIT DRAMA

We kunnen zeggen dat God deze wereld met al haar problemen nooit had moeten scheppen. Maar aan de andere kant zeggen de heiligen dat je je er niet druk om zou maken als je wist dat je een god[2] was. Als je naar een film kijkt, wil je toch liever actie zien dan een saaie vertoning? Zo zou je ook van deze wereld moeten genieten. Beschouw het leven

---
[2] Johannes, 10:34.

Een wereld van kosmisch vermaak

als een film, dan zul je weten waarom God haar schiep. Ons probleem is dat we vergeten haar te zien als Gods vermaak.

In de heilige geschriften heeft God gezegd dat we naar Zijn beeld zijn geschapen. Daarom kunnen we, net als Hij, dit werelddrama beschouwen als een film, zolang we maar naar de volmaakte ziel binnenin onszelf kijken en onze eenheid met het goddelijke realiseren. Dan zal deze kosmische film met al zijn verschrikkingen van ziekte, armoede en atoombommen net zo echt lijken voor ons als de abnormale gebeurtenissen die we in een bioscoop meemaken. Wanneer de film is afgelopen weten we dat niemand is vermoord, dat niemand heeft geleden. In feite is die waarheid het enige antwoord dat ik zie als ik het drama van het leven bekijk. Het is niets meer dan een elektrisch schimmenspel, een spel van licht en schaduw. Alles is de trilling van Gods bewustzijn, gecondenseerd in elektromagnetische beelden. De essentie van deze beelden kan door geen zwaard gescheiden worden, niet verbrand, noch verdronken, noch lijden onder enige vorm van pijn. Het wordt niet geboren en sterft ook niet. Het ondergaat alleen maar wat veranderingen.[3]

Als we naar deze wereld konden kijken zoals God en de heiligen dat doen, zouden we vrij zijn van de schijnbare werkelijkheid van deze droom ...

ONTWAAK UIT DEZE KOSMISCHE DROOM

Stel je voor dat je half wakker bent en droomt terwijl je weet dat je droomt maar er toch buitenstaat. Dat is hoe God dit universum beleeft. Enerzijds is Hij bewust aanwezig in eeuwig nieuwe gelukzaligheid en anderzijds droomt Hij dit universum. Zo moet je deze wereld beschouwen. Dan zul je weten waarom Hij haar heeft geschapen en zul je deze droomtoestanden niet met je ziel associëren. Als je een nachtmerrie hebt, dan weet je dat het

---

[3] "Dit Zelf is nooit geboren noch kan het ooit vergaan; omdat het nooit is ontstaan zal het ook nooit ophouden te bestaan. Het is zonder geboorte, eeuwig, onveranderlijk, altijd hetzelfde [onaangetast door de gebruikelijke processen die geassocieerd worden met tijd]. Het wordt niet gedood wanneer het lichaam wordt vernietigd ... Geen wapen kan de ziel doorklieven, geen vuur kan haar verbranden, geen water kan haar bevochtigen, geen wind kan haar verdorren. De ziel is niet te splijten, ze kan niet branden, nat worden of uitdrogen. De ziel is onveranderlijk, alles doordringend, altijd kalm en onbeweegbaar – eeuwig dezelfde." (*God talks with Arjuna: The Bhagavad Gita* II: 20, 23-24).

Een wereld van kosmisch vermaak

maar een boze droom is. Als je in dat bewustzijn in de wereld kunt leven, dan zul je niet lijden. Dat zal Kriyayoga je geven. De *Self-Realization Fellowship Lessons* zullen dat voor je doen, als je ze trouw in praktijk brengt.[4] Richt je op deze leer, niet op mijn persoonlijkheid of op welke andere persoonlijkheid dan ook. En het is geen kwestie van alleen maar over deze waarheden lezen, maar ze toepassen. Van lezen word je niet wijs, van realisatie wel.

Daarom lees ik niet veel. Ik houd mijn aandacht altijd gericht op dit Christusbewustzijn (*Kutastha*). In het alomtegenwoordige licht van de kosmische intelligentie ziet de wereld er zo anders uit! Soms zie ik alles als elektrische beelden; het lichaam is zonder gewicht of massa. Lezen over de wonderen van de wetenschap maakt je geen wijs mens, want er is nog zoveel meer om te leren kennen. Lees uit het boek van het leven dat in de alwetendheid van de ziel binnenin jezelf verborgen ligt, vlak achter het donker van gesloten ogen. Ontdek het grenzeloze rijk van de Werkelijkheid. Beschouw deze aarde als

---
[4] Kriyayoga is een heilige spirituele wetenschap die miljoenen jaren geleden in India is ontstaan. Zij omvat bepaalde meditatietechnieken die geleerd worden aan studenten van de *Self-Realization Fellowship Lessons*. Als deze met toewijding worden beoefend leiden ze naar God-realisatie.

een droom. Dan zul je begrijpen dat je op het bed van deze aarde mag gaan liggen en de droom van het leven mag dromen. Dan maak je je er niet druk om, omdat je weet dat je aan het dromen bent.

Westerse religieuze leraren preken over welvaart, geluk, gezondheid en de belofte van een schitterend hiernamaals maar niet over hoe je Goddelijke gelukzaligheid kunt ervaren en onverstoorbaar te zijn voor het lijden in het hier en nu. Op dat gebied gaat de leer van de grote *rishis* uit India zo veel dieper. Westerlingen hebben de meesters ervan beschuldigd dat ze een negatieve levensfilosofie verkondigden: of je nu lijdt of niet, of je gelukkig bent of niet, verloochen de wereld. Maar wat de meesters uit India juist vragen is: "Wat ga je doen als je te maken krijgt met pijn en lijden? Ga je machteloos zitten huilen of pas je die technieken toe, die je gelijkmoedigheid en transcendentie brengen terwijl je intussen de kwaal bestrijdt?" Ze sporen je aan verstandige maatregelen te nemen voor herstel en tegelijkertijd de emoties te beheersen zodat je niet toegeeft aan wanhoop als je gezondheid je in de steek laat en je pijn hebt. Met andere woorden: ze benadrukken hoe belangrijk het is te verblijven binnenin het zuivere geluk van de ziel, dat niet kan worden aangetast door de grillige winden van de mooie dromen van het leven of door de vernietigende stormen van nachtmerries. Zij die zich uit gewoonte vastklampen aan het materiële bewustzijn willen geen moeite doen om die staat van onkwetsbaarheid te bereiken. Wanneer lijden komt, leren zij er niet van en vervallen daarom telkens in dezelfde fouten ...

Hecht geen onnodig belang aan de voorbijgaande scènes van het leven. Je bent het onsterfelijke Zelf dat slechts tijdelijk in een droom leeft die soms een nachtmerrie is. Dat is de hogere filosofie van de meesters van India.

EMOTIONELE GEVOELIGHEID IS DE OORZAAK VAN HET LIJDEN

Wees niet overgevoelig. Emotionele gevoeligheid is de stille oorzaak van al het lijden. Het is dwaas het idee van de schepping als werkelijkheid te voeden door er emotioneel in betrokken te raken. Als je niet mediteert, niet stil gaat zitten om je ware aard als een ziel te realiseren, maar je laat meeslepen in de eeuwige beweging van de schepping, is je geluk voortdurend in gevaar. Je lichaam kan op een dag misschien ernstig ziek worden en misschien wil je graag lopen of andere dingen doen die je altijd deed toen je jonger en gezonder was, maar dan merk je dat dat niet meer kan. Dat is een vreselijke teleurstelling voor de ziel. Laat het niet zover komen. Maak jezelf zo vrij dat je met onthechting naar je lichaam kunt kijken en ervoor kunt zorgen alsof het het lichaam van een ander was.

Eén van mijn leerlingen had erg veel last van slijtage in haar knie. Ik weet niet hoe vaak die knie geopereerd en weer in elkaar gezet was. Ze sprak erover alsof het niets voorstelde. "Het is een kleine ingreep" zei ze terloops. Dat is nou de manier om je leven te leiden. Ontwikkel een instelling waardoor je met grotere mentale kracht kunt leven.

Bedenk altijd dat je voor God werkt, zelfs als je niet in de gelegenheid bent lang en diep te mediteren. Wanneer je gedachten in Hem verankerd kunnen blijven, zul je niet meer lijden. Geen ziekte of kwaal zal in staat zijn je innerlijk te raken. Wanneer dit lichaam soms problemen geeft, dan richt ik mijn aandacht naar binnen en alles verdwijnt in het licht van God. Net zoals je films op het scherm ziet en geniet van het conflict tussen goede en slechte daden, en tussen vrolijke en droevige scenario's, zo zul je je door deze wereld laten vermaken. Je zult dan zeggen: "Heer, wat U ook doet, het is altijd goed." Maar je zult niet begrijpen waarom God deze wereld heeft geschapen, totdat je je bewust realiseert dat dit alles een droom is.

WEES ALS DE ACTIEVE - INACTIEVE HEER

Ik denk dat God het universum heeft voortgebracht omdat Hij bezig wilde blijven. Laat dit een aansporing zijn voor spirituele zoekers. Veel mensen denken dat ze, om God te vinden en uit deze droom te ontsnappen, hun verantwoordelijkheden achter zich moeten laten en de afzondering moeten zoeken in de Himalaya of in andere volledig geïsoleerde plaatsen. Maar zo eenvoudig is het niet. De geest zal nog steeds in beslag worden genomen door stemmingen en rusteloosheid en het lichaam zal voortdurend bezig moeten zijn om warm te blijven en om in voedsel en andere behoeftes te voorzien. Het is gemakkelijker God in de jungle van de beschaving te vinden als je een evenwicht kunt bewaren tussen meditatie en constructief, consciëntieus werk. Wees zoals de actieve - inactieve Heer. In de schepping is hij vol vreugde aan het werk, voorbij de schepping is

Hij vreugdevol inactief in goddelijke gelukzaligheid. Omdat ik moeite heb gedaan God in meditatie te vinden, geniet ik zelfs te midden van mijn bezigheden van Zijn gelukzaligheid. Daarom hebben bezigheden helemaal geen negatieve invloed op mij. Ook al zou ik kunnen zeggen dat ik bepaalde dingen niet leuk vind in de dualiteiten om me heen, toch blijf ik innerlijk kalm en onverzettelijk: "Op een kalme manier actief en op een actieve manier kalm: een prins van vrede op de troon van evenwicht regerend over zijn koninkrijk van bezigheden."

Op het eerste gezicht lijkt het of God uit volmaaktheid onvolmaakte wezens schiep. Maar de waarheid is dat onvolmaakte wezens volmaakt zijn – zielen die naar Gods beeld zijn geschapen. Het enige wat God van je vraagt, is dat je je gedroomde onvolmaaktheden scheidt van je volmaakte Zelf. Wanneer je nadenkt over je sterfelijke leven en al je problemen, en je jezelf hiermee identificeert, doe je het beeld van God in jezelf tekort. Bevestig voor jezelf de volgende woorden en verwezenlijk ze: "Ik ben geen sterfelijk wezen, ik ben Geest."

Een wereld van kosmisch vermaak

GOD PROBEERT ONS DOOR MIDDEL VAN GOED EN KWAAD OVER TE HALEN NAAR HEM TERUG TE KOMEN

God probeert steeds Zijn kinderen over te halen terug te komen naar hun aangeboren volmaaktheid. Daarom zie je zelfs in slechte mensen dat ze op zoek zijn naar God, alhoewel je dat op het eerste gezicht niet zou zeggen. Is er een slecht mens te vinden die wil dat zijn daden hem ellende bezorgen? Nee. Hij denkt dat wat hij nastreeft hem het goede zal brengen. Wie alcohol drinkt of drugs gebruikt denkt dat hij er plezier aan zal beleven. Overal zie je goede en slechte mensen, die op hun eigen manier op zoek zijn naar geluk. Niemand wil zichzelf pijn doen. Waarom gedragen mensen zich dan op zo'n slechte manier, dat er niets anders dan pijn en lijden kan volgen? Zulke daden zijn het gevolg van de grootste van alle zonden – onwetendheid. Boosdoener is hier een passender woord dan zondaar. Je mag het verkeerde gedrag veroordelen, maar je moet de dader niet veroordelen. Een zonde is een fout die begaan wordt uit onwetendheid of misleiding. Jou zou hetzelfde kunnen overkomen als je minder inzicht had. Jezus zei: "Hij die zonder zonde is, werpe de eerste steen."[5]

Waar het om gaat, is dat we op zoek zijn naar geluk in alles wat we doen. Niemand kan naar waarheid zeggen dat hij een materialist is, omdat iedereen die op zoek is naar geluk op zoek is naar God. In onze zoektocht naar God probeert Hij ons door middel van goed en kwaad over te halen bij Hem terug te komen. Het lijden dat voortkomt uit het kwaad zal uiteindelijk ook onwillige mensen naar de vreugde van het goede doen keren. Omdat het leven van nature een mengeling is van goed en kwaad, van mooie en nare dromen, is het ons gegeven te helpen mooie dromen te scheppen en niet verstrikt te raken in angstige nachtmerries.

GOD KENNEN IS WARE WIJSHEID

Als reactie op wat het leven brengt, zeggen de meeste mensen óf: "Prijs de Heer" óf ze proberen ons bang te maken voor Hem. En sommige mensen beschuldigen Hem of vervloeken Hem. Ik vind dit echt dwaas. Wat kun je God zeggen om Hem te prijzen? Lof of vleierij doen Hem niets omdat Hij

---
[5] Johannes, 8:7.

Een wereld van kosmisch vermaak

alles heeft. Mensen die problemen hebben, bidden het meest, sommige roepen uit: "Prijs de Heer", en hopen hierdoor op een of andere gunst. Of je de Heer nu vervloekt of prijst, het maakt Hem niets uit. Maar het maakt wel wat uit voor jou zelf. Prijs Hem – of nog liever, heb Hem lief – dan voel je je beter. Vervloek Hem en het gevolg is dat je er zelf last van hebt. Als je tegen God ingaat, ga je tegen je eigen ware aard in, het goddelijk beeld waarnaar Hij je geschapen heeft. Wanneer je tegen die aard ingaat, straf je automatisch jezelf.

Al in mijn kinderjaren was ik opstandig, omdat ik zoveel onrechtvaardigheid zag. Maar nu voel ik me alleen nog opstandig wanneer mensen God niet kennen. De grootste zonde is onwetendheid – niet weten waar het in het leven om gaat. En de grootste deugd is wijsheid – weten wat de betekenis en het doel van het leven en zijn Schepper is. Weten dat we geen onbeduidende mensen zijn maar dat we één zijn met Hem, dat is wijsheid.

Elke nacht neemt God in je slaap al je problemen weg om je te laten zien dat je geen sterfelijk wezen bent, je bent Geest. God wil dat je deze waarheid onthoudt in het waakbewustzijn, zodat je je niets meer aantrekt van de abnormale gebeurtenissen van het leven. Als we 's nachts in onze diepe slaap kunnen leven zonder aan deze wereld en haar problemen te denken, kunnen we ook in Gods wereld van activiteit leven zonder verstrikt te raken in deze droom. Alhoewel er in Gods bewustzijn droom-universums drijven, is Hij altijd wakker en weet Hij dat hij droomt. Hij zegt tegen ons: "Raak niet in paniek door deze dagdroom; kijk naar Mij als de Werkelijkheid achter de droom." Als er gezondheid en vreugde is, glimlach dan in die droom. Als er een nachtmerrie van ziekte en verdriet is, zeg dan: "Ik ben ontwaakt in God en kijk alleen maar naar de voorstelling van mijn leven." Dan zul je weten dat God dit universum heeft geschapen om Zichzelf te vermaken. En jij, die bent geschapen naar Zijn beeld, hebt niet alleen maar het volste recht maar ook het vermogen, net als Hij, te genieten van deze voorstelling met haar afwisselende dromen.

Onttrek je aan deze misleiding van ziekte en gezondheid, verdriet en vreugde. Sta er boven. Word het Zelf. Kijk naar het schouwspel van het universum maar verlies er jezelf niet in. Ik heb al zo vaak meegemaakt hoe mijn lichaam deze wereld verliet. Ik lach om de dood. Ik ben er elk moment klaar voor. Het stelt weinig voor. Het eeuwige leven

Een wereld van kosmisch vermaak

behoort aan mij toe. Ik ben de oceaan van het bewustzijn. Soms word ik de kleine golf van het lichaam, maar ik ben nooit alleen maar de golf zonder de oceaan van God.

Dood en duisternis kunnen ons geen angst aanjagen want wij zijn zelf het bewustzijn waaruit dit universum door God is geschapen.

In de *Bhagavadgita* zegt de Heer:

"Hij die Mij kent als de ongeborene, zonder begin, de Heer van het heelal, diens begoochelingen worden van hem afgenomen en hij wordt vrij van alle denkbare zonde ...

Ik ben de Bron van alles, uit Mij vloeit alles voort. Daarom vereren de wijzen Mij met onveranderlijke toewijding. Hun geest geconcentreerd op Mij, hun leven geheel in Mij geworteld, geeft de een de ander inzicht en zo voelen zij zich altijd tevreden en gelukkig ...

Door Mijn genade leef Ik in hun hart; en Ik verdrijf de duisternis van onwetendheid door het heldere licht van kennis ..."

— *Bhagavadgita* X:3, 8-9, 11

DEEL IV

ONTDEK GODS ONVOORWAARDELIJKE LIEFDE ACHTER DE MYSTIEKE SLUIER VAN DE SCHEPPING

Geen mens, geen profeet zal ooit in staat zijn alle ongelijkheden en tegenstellingen op deze aarde weg te vegen. Maar als je in het bewustzijn van God bent, dan zullen deze verschillen verdwijnen en zul je zeggen:

> Het leven is zoet en de dood een droom,
> als Uw lied door mij heen stroomt.
> Dan is vreugde zoet, verdriet een droom
> als Uw lied door mij heen stroomt.
> Dan is gezondheid zoet, ziekte een droom
> als Uw lied door mij heen stroomt.
> Dan is lof zoet en beschuldiging een droom,
> als Uw lied door mij heen stroomt.[1]

---

[1] Deze regels komen uit een lied in de *Cosmic Chants* van Paramahansa Yogananda (uitgegeven door Self-Realization Fellowship).

Dit is de hoogste filosofie. Wees nergens bang voor. Zelfs wanneer je in een storm op een golf heen en weer wordt geslingerd, ben je nog steeds in de schoot van de oceaan. Blijf je er altijd van bewust dat God in alles aanwezig is. Wees gelijkmoedig en zeg: "Ik ben onbevreesd, ik ben gemaakt van het wezen van God. Ik ben een vonk van het vuur van de geest. Ik ben een atoom van de kosmische vlam. Ik ben een cel van het onmetelijke, universele lichaam van de Vader. 'Ik en mijn Vader zijn Eén.'"

Gebruik alle kracht van je ziel om God te vinden. Het rookgordijn van de dualiteit is tussen ons en Hem gekomen en Hij vindt het erg dat we Hem uit het oog zijn verloren. Hij is niet blij als hij Zijn kinderen zoveel ziet lijden – ziet sterven door vallende bommen, vreselijke ziektes en verkeerde leefgewoontes. Hij vindt het erg, want Hij houdt van ons en wil dat we bij Hem terugkomen. Als je je toch eens zou inzetten om 's avonds te mediteren en met Hem te zijn! Hij denkt zoveel aan je. Je bent niet door Hem in de steek gelaten. Jij bent het die je Zelf in de steek hebt gelaten ... God geeft altijd om jou ...

Het enige doel van de schepping is je er toe te brengen haar mysterie op te lossen en God achter alles waar te nemen. Hij wil dat je al het andere vergeet en alleen Hem gaat zoeken. Als je je toevlucht hebt gevonden bij God, dan zijn leven en dood geen werkelijkheid meer voor je. Je zult dan alle dualiteiten zien als dromen in je slaap die komen en gaan in het eeuwige bestaan van God. Vergeet deze prediking niet, een prediking die Hij via mijn stem naar je toe laat komen. Vergeet het niet! Hij zegt:

"Ik ben net zo hulpeloos als jij, want Ik, als jouw ziel, zit samen met jou gevangen in het lichaam. Tenzij je je Zelf bevrijdt, ben ik opgesloten met jou. Aarzel niet meer, blijf niet rondkruipen in de modder van lijden en onwetendheid. Kom! baad je in Mijn licht."

De Heer wil dat we ontsnappen aan deze misleidende wereld. Hij roept ons, want Hij weet hoe moeilijk het is voor ons Zijn verlossing te vinden. Maar je hoeft je alleen maar te herinneren dat je

Ontdek Gods onvoorwaardelijke liefde

Zijn kind bent. Heb geen medelijden met jezelf. God heeft je net zo lief als Jezus en Krishna. Je moet op zoek gaan naar Zijn liefde want zij omvat eeuwige vrijheid, eindeloze vreugde en onsterfelijkheid.

Vlak achter de schaduwen van dit leven is Gods wonderbaarlijke licht. Het universum is een onmetelijke tempel van Zijn aanwezigheid. Als je mediteert, zul je ontdekken dat overal deuren naar Hem opengaan. Als je je verbindt met Hem kan geen enkele verwoesting in de wereld die Vreugde en Vrede van je wegnemen.

OVER DE AUTEUR

Paramahansa Yogananda (1893–1952) wordt algemeen beschouwd als een van de meest vooraanstaande spirituele leiders van deze tijd. Hij werd geboren in Noord-India en kwam in 1920 naar de Verenigde Staten, waar hij ruim dertig jaar India's eeuwenoude wetenschap van meditatie en de kunst van een evenwichtig spiritueel leven onderwees. Door zijn veelgeprezen levensverhaal *Autobiografie van een yogi* en zijn vele andere boeken heeft Paramahansa Yogananda miljoenen lezers kennis laten maken met de tijdloze wijsheid uit het Oosten.

Onder leiding van Sri Mrinalini Mata, één van zijn naaste leerlingen, wordt zijn wereldwijde werk voortgezet binnen Self-Realization Fellowship,[1] de internationale organisatie die hij in 1920 oprichtte om zijn leer voor de hele wereld toegankelijk te maken.

---

[1] Letterlijk: 'Genootschap voor Zelf-realisatie'. Paramahansa Yogananda heeft uitgelegd dat de naam Self-Realization Fellowship duidt op "verbondenheid met God door Zelf-verwerkelijking, en verwantschap met allen die de waarheid zoeken."

BOEKEN IN HET NEDERLANDS DOOR PARAMAHANSA YOGANANDA

Autobiografie van een yogi

De wet van het succes

Intuïtie:
Leiding vanuit de ziel bij beslissingen in het leven

Uitspraken van Paramahansa Yogananda

Waarom God het kwaad toelaat
en hoe je het kunt ontstijgen

BOEKEN IN HET ENGELS DOOR PARAMAHANSA YOGANANDA

Verkrijgbaar in de boekhandel of direct van de uitgever:
Self-Realization Fellowship
3880 San Rafael Avenue • Los Angeles, California
90065-3219, U.S.A.
Tel (** 323) 225-2471 • Fax (** 323) 225-5088
www.yogananda-srf.org

Autobiography of a Yogi

The Second Coming of Christ:
The Resurrection of the Christ Within You
(Een onthullend commentaar op de oorspronkelijke leer van Jezus)

God Talks with Arjuna; The Bhagavadgita
(Een nieuwe vertaling met commentaar)

Man's Eternal Quest
(Deel I van Paramahansa Yogananda's lezingen
en informele voordrachten)

The Divine Romance
(Deel II van Paramahansa Yogananda's lezingen,
informele voordrachten en essays)

Journey to Self-Realization
(Deel III van Paramahansa Yogananda's lezingen
en informele voordrachten)

Wine of the Mystic:
The Rubaiyat of Omar Khayyam — A Spiritual Interpretation
(Een geïnspireerd commentaar dat de mystieke wetenschap
van de verbinding met God, zoals verborgen achter de
enigmatische beeldtaal van de *Rubaiyat*, aan het licht brengt)

Where There Is Light:
Insight and Inspiration for Meeting Life's Challenges

Whispers from Eternity
(Een verzameling van Paramahansa Yogananda's gebeden
en goddelijke ervaringen in de hogere meditatiefasen)

The Science of Religion

The Yoga of the Bhagavad Gita:
An Introduction to India's Universal Science of God-Realization

The Yoga of Jesus:
Understanding the Hidden Teachings of the Gospels

In the Sanctuary of the Soul:
A Guide to Effective Prayer

Inner Peace:
How to Be Calmly Active and Actively Calm

To Be Victorious in Life

Why God Permits Evil and How to Rise Above It

Living Fearlessly:
Bringing Out Your Inner Soul Strength

How You Can Talk With God

Metaphysical Meditations
(Meer dan 300 inspirerende overdenkingen,
gebeden en affirmaties)

Scientific Healing Affirmations
(Paramahansa Yogananda's diepgaande uitleg waarom
en hoe affirmaties effectief kunnen zijn)

Sayings of Paramahansa Yogananda
(Een verzameling van uitspraken en wijze raad gebaseerd op
Paramahansa Yogananda's eerlijke en liefdevolle antwoorden
aan wie zich tot hem wendden om ondersteuning)

Songs of the Soul
(Mystieke poëzie van Paramahansa Yogananda)

The Law of Success
(Een uitleg van de dynamische principes hoe je je doelen
in het leven kunt bereiken)

Cosmic Chants
(Engelse tekst en muziek bij 60 devotionele liederen; met
een inleiding waarin uitgelegd wordt hoe chanting kan
leiden tot de ervaring van Gods nabijheid)

AUDIO OPNAMEN VAN PARAMAHANSA YOGANANDA

Beholding the One in All

The Great Light of God

Songs of My Heart

To Make Heaven on Earth

Removing All Sorrow and Suffering

Follow the Path of Christ, Krishna, and the Masters

Awake in the Cosmic Dream

Be a Smile Millionaire

One Life Versus Reincarnation

In the Glory of the Spirit

Self-Realization: The Inner and the Outer Path

ANDERE PUBLICATIES VAN SELF-REALIZATION FELLOWSHIP

Een volledige catalogus met alle publicaties en audio opnamen van Self-Realization Fellowship is verkrijgbaar op verzoek

The Holy Science
door Swami Sri Yukteswar

Only Love:
Living the Spiritual Life in a Changing World
door Sri Daya Mata

Finding the Joy Within You:
Personal Counsel for God-Centered Living
door Sri Daya Mata

God Alone:
The Life and Letters of a Saint
door Sri Gyanamata

"Mejda":
The Family and the Early Life of Paramahansa Yogananda
door Sananda Lal Ghosh

Self-Realization
(een kwartaaltijdschrift, in 1925 opgezet door Paramahansa Yogananda)

SELF-REALIZATION FELLOWSHIP LESSEN

De wetenschappelijke meditatiemethoden die door Paramahansa Yogananda onderricht werden, inclusief Kriyayoga — samen met zijn richtlijnen over alle aspecten van een uitgebalanceerd spiritueel leven — worden gegeven in de *Self-Realization Fellowship Lessons*. Voor verdere informatie kunt u het gratis boekje *Undreamed-of Possibilities* aanvragen. Dit is verkrijgbaar in het Engels, Spaans en Duits.

Self-Realization Fellowship
3880 San Rafael Avenue • Los Angeles, California
90065-3219, U.S.A.
Tel (001 323) 225-2471 • Fax (001 323) 225-5088
www.yogananda-srf.org

www.ingramcontent.com/pod-product-compliance
Lightning Source LLC
Chambersburg PA
CBHW031426040426
42444CB00006B/706